BEI GRIN MACHT SICH IHR WISSEN BEZAHLT

- Wir veröffentlichen Ihre Hausarbeit,
  Bachelor- und Masterarbeit

- Ihr eigenes eBook und Buch -
  weltweit in allen wichtigen Shops

- Verdienen Sie an jedem Verkauf

Jetzt bei www.GRIN.com hochladen
und kostenlos publizieren

Ines Lück

Zu: Maud Mannoni - Das zurückgebliebene Kind und seine Mutter

GRIN Verlag

Bibliografische Information der Deutschen Nationalbibliothek:

Die Deutsche Bibliothek verzeichnet diese Publikation in der Deutschen National-
bibliografie; detaillierte bibliografische Daten sind im Internet über http://dnb.d-
nb.de/ abrufbar.

Impressum:

Copyright © 2002 GRIN Verlag GmbH
Druck und Bindung: Books on Demand GmbH, Norderstedt Germany
ISBN: 978-3-656-53213-2

Dieses Buch bei GRIN:

http://www.grin.com/de/e-book/17651/zu-maud-mannoni-das-zurueckgebliebene-
kind-und-seine-mutter

GRIN - Your knowledge has value

Der GRIN Verlag publiziert seit 1998 wissenschaftliche Arbeiten von Studenten, Hochschullehrern und anderen Akademikern als eBook und gedrucktes Buch. Die Verlagswebsite www.grin.com ist die ideale Plattform zur Veröffentlichung von Hausarbeiten, Abschlussarbeiten, wissenschaftlichen Aufsätzen, Dissertationen und Fachbüchern.

Besuchen Sie uns im Internet:

http://www.grin.com/

http://www.facebook.com/grincom

http://www.twitter.com/grin_com

**Zu: Maud Mannoni - Das zurückgebliebene Kind
und seine Mutter**

von

Ines Lück

GLIEDERUNG

1 EINLEITUNG

In der 1972 auf deutsch erschienenen Studie „Das zurückgebliebene Kind und seine Mutter" versucht Maud Mannoni zu zeigen, dass eine analytische Arbeit nicht nur mit psychotischen oder verhaltensauffälligen Kindern und Jugendlichen, sondern auch mit Debilen möglich ist. Ihr zentraler Gedanke dabei ist, dass das Kind zurückgewiesen wird, wenn man sich als Analytiker nur auf das Symptom des Kindes konzentriert. Sie wollte damit die Art und Weise kritisieren, mit der dieses Problem in der damaligen Gesellschaft angegangen wurde und durch die Methoden bei der Behandlung nur noch verschlimmert wurde.

Des weiteren zeigt Mannoni auf, dass es kaum einen Platz für „Gehandikapte" gibt. Entweder lautet die Diagnose des Arztes „krank", woraufhin das Kind in eine Anstalt „abgeschoben" wird und somit von der Gesellschaft ausgeschlossen wird, oder das eigentlich kranke Kind wird als „normal" diagnostiziert und in das gesellschaftliche Leben integriert, obwohl es analytischer Hilfe bedürfte.

Das Besondere an Mannonis Gedanken ist, dass sie bei debilen Kindern und Jugendlichen nicht in erster Linie auf deren Symptome, sondern auf die Phantasien der Mutter achtet. Sie will damit die Verdunklungsmechanismen der Mutter und die Auswirkungen auf das Kind aufzeigen. Diese Darstellung der Beziehung zwischen Mutter und Kind war in Deutschland völlig neu gewesen. Bis zu diesem Zeitpunkt stand immer die Bedeutung der Liebe zwischen Mutter und Kind im Mittelpunkt. Man verstand nicht, dass diese Beziehung auch pathologisch sein kann und dass der Mutter bzw. der Familie jegliche Schuld für die Krankheit des Kinder zugewiesen wurde. Deshalb löste Mannonis Studie einige Verwunderung in Deutschland aus und belebte gleichzeitig den fachlichen Diskurs über einen angemessenen Umgang mit psychisch schwer beeinträchtigten Kindern und Jugendlichen.

Im Nachfolgenden möchte ich genauer auf Mannonis Studie „Das zurückgebliebene Kind und seine Mutter" eingehen. Doch zunächst werde ich mich noch kurz ihrer Biographie widmen, um einige Parallelen zu ihrem späteren Wirken aufzuzeigen.

2 Maud Mannonis Biographie

Maud Mannoni (damals Magdalena van der Spoel) wurde am 22.10.1923 in Belgien geboren und lebte bis zu ihrem 6. Lebensjahr auf der Insel Ceylon. Ihr Vater war Diplomat. In der Kinderfrau Aya, von der Maud auf Ceylon betreut wurde, fand sie eine Art Ersatzmutter, die sie sehr liebte. Um so schwerer war das Trauma, das Maud 1929 bei der Rückkehr nach Europa erlitt, denn ihre geliebte Kinderfrau mussten sie natürlich zurücklassen. Sie fühlte sich mit ihren 6 Jahren im Stich gelassen und war völlig verzweifelt. Erst bei ihrem Großvater in Belgien fand sie die nötige Sicherheit, die jedoch nicht lange währte, da ihre Eltern erneut umzogen – nach Amsterdam. Über die Zeit in Amsterdam schreibt Mannoni:

„In Amsterdam war die Einsamkeit groß. Vom sechsten bis zum elften Lebensjahr fehlte mir jemand, mit dem ich hätte sprechen können. Dem Vater gegenüber feindselig eingestellt (...) fühlte ich mich weit entfernt von der Erwachsenenwelt, wo die Empfänge den Anschein eines Festes verloren hatten und ebenso entfernt von den Kindern, die mich haben fühlen lassen, dass ich nicht in ihr kleinbürgerliches Milieu gehörte. (...) Um so mehr, weil die akademische Sprache, über die ich verfügte, sowie mein Niederländisch, die lebendigen Worte zum Schweigen brachte: Die Suche nach dem Schönen ersetzte das Wahrhaftige. Ich verlernte zu sprechen. Die Worte hatten keinen Sinn mehr."[1]

Hier erkennt man schon sehr deutlich Parallelen zu Mannonis späterem Konzept von Bonneuil. Sie machte die Erfahrung vieler Umzüge, bei denen sie ständig jemanden zurücklassen musste. So erlebte sie auch einen Mangel in ihrer Existenz, wodurch sich ihre Wünsche, Überzeugungen und ihre Sehnsüchte äußern konnten. Sie durchlebte das, was die Kinder von Bonneuil erst erfahren müssen. Auch sie sollen ihren Mangel durch häufige Ortswechsel erfahren und dadurch ihre Wünsche konstatieren.

Ebenfalls schon hier erkennbar ist die Wichtigkeit der Sprache. Mannoni fühlte sich nicht mehr anerkannt und zufrieden, als sie „verlernte zu sprechen"[2]. So sieht sie es auch bei den Kindern als zwingend notwendig, zu einer wahren und befreiten Sprache zu kommen, da das Kind erst dadurch eine Persönlichkeit bekommt und ein eigenständiger Mensch wird.

Nach dem Besuch einer religiösen Schule in Belgien studierte Mannoni Kriminologie und Psychiatrie an den Universitäten von Brüssel und Antwerpen. Während der Kriegsjahre, als die Universitäten ihren Betrieb natürlich vorübergehend einstellten, arbeitete Mannoni mit psychotischen Patienten einer psychiatrischen Klinik.

„Meine psychiatrische Ausbildung erhielt ich sozusagen 'vor Ort'. (...) man gab mir die Erlaubnis, das Krankenhaus mit den Patienten zu verlassen und sie in 'unbewohnte' Gegenden mitzunehmen. Dort, am Rande der Gesellschaft, erlebte ich meine erste Begegnung mit jenen Wesen, die man als anormal, pervers oder verrückt bezeichnet, eine Begegnung,

---

[1] Roedel, J./Kaufhold, R.: Bonneuil oder: Das Drama des zurückgebliebenen Kindes, in: psychosozial (21) 1998, S.122
[2] ebd.

die man im Kontext einer Zeit sehen muss, in der die Außenwelt einer immer gegenwärtigen, offenen oder versteckten Gewalt ausgeliefert war. Sicherheit fand man nur in fragwürdigen Rückzugspositionen. Die Universitätsausbildung kam für mich erst nach der Praxis. Ein Wissen (vom Unbewussten), so könnte man sagen, war schon vorhanden; man hatte mir den Zugang dazu nicht versperrt.[3]

Diese erste Erfahrung mit psychisch kranken Jugendlichen prägte Mannonis weiteres Wirken. Schon damals arbeitete sie nicht in geschlossenen Einrichtungen, sondern ging mit ihnen in „unbewohnte Gegenden". Wie oben schon erwähnt, ist dies auch ein entscheidender Punkt im Konzept von „Bonneuil".

1984, nach ihrem Studium, wurde Mannoni Mitglied der Belgischen Psychoanalytischen Gesellschaft und ließ sich von Francoise Dolto, Frankreichs bedeutendster Kinderanalytikerin am Hospital Trousseau in Paris weiter in der Kinderanalyse ausbilden. Von Dolto bekam Mannoni ausschlaggebende Erkenntnisse, da diese damals die ersten Versuche mit Psychotherapien bei schwer psychotischen Kindern machte. Bei ihr lernte sie auch den 23 Jahre älteren Psychoanalytiker Octave Mannoni kennen und heiratete ihn noch im selben Jahr.

Von Jacques Lacan lernt Mannoni noch mehr über die Analyse. Später nimmt sie viele seiner Theorien als Grundlage ihrer Arbeit.

In den 60er Jahren unternimmt Mannoni den Versuch, die Psychoanalyse in ein medizinisch-pädagogisches Externat einzuführen und besuchte Winnicott in London und dessen Schüler Ronald Laing in Kingsleyhall. Dies beeinflusste ihre Arbeit, der sie mit viel Leidenschaft nachging. „Sie erlernte einen freudianischen Interventionsstil, in dem sich Revolte und theoretische Strenge mischten."[4] Außerdem kam sie zu dem Ergebnis, dass es nur über eine radikale Infragestellung der Institutionen möglich ist, psychotischen Menschen bei der Überwindung ihrer Schwierigkeiten zu helfen, woraufhin das Konzept der „gesprengten Institution" in Bonneuil entsteht.

1964 erscheint ihre erste Studie „Das zurückgebliebene Kind und seine Mutter", auf das ich nachfolgend eingehen werde. 1970 erscheint das Werk „Der Psychiater, sein Patient und die Psychoanalyse". Ihre wohl bekannteste Schrift „Scheißerziehung" wird 1976 in deutsch veröffentlicht. Im selben Jahr folgt noch „Ein Ort zum Leben. Die Kinder Von Bonneuil, ihre Eltern und das Team der Betreuer". Die Experimentalschule „Bonneuil" gründete sie jedoch mit 2 Kollegen schon 1969.

Nach dem Tod Jacques Lacans 1982 baute sie mit ihrem Mann und Patrick Guyomard das Psychoanalytische Ausbildungs- und Forschungszentrum auf.

---

[3] Ebd. S. 124
[4] Ebd.

Nachdem ihr Mann 1989 verstorben war, dachte Maud Mannoni immer öfter an Selbstmord, da sie sehr einsam und gesundheitlich angeschlagen war. Doch bevor sie sich selbst töten konnte, starb sie am 15.03.1998 im Alter von 75 Jahren in Paris an einem Herzstillstand.

3 Der organische Schaden

In diesem Teil des Buches behandelt Mannoni die Krankengeschichte von schwer zurückgebliebenen Kindern, bei denen es meist keine Hoffnung auf völlige Genesung gibt, und untersucht die damit verbundenen Probleme der Eltern solcher Kinder.

Zur Annäherung an dieses eher weniger diskutierte Thema möchte ich anfangs ein Beispiel geben. Es geht um die 14jährige Liliane, die einen IQ von 49 hat und seit ihrer Geburt an Anorexie leidet.

„Der Vorschlag einer psychotherapeutischen Behandlung wird von der Mutter abgelehnt; sie schließt das Kind lieber allein in ein Zimmer ein, während sie in der Fabrik arbeitet, als dass sie es einer Fremden anvertraut. Sie verzichtet jedoch nicht auf klinische Untersuchungen, da sie in einer rein organischen Drüsenerkrankung die entscheidende Ursache für den Zustand des Kindes sehen will."[5]

Diese Mutter verleugnet, dass ihr Kind therapeutische Hilfe benötigt, aus Angst, es könnte ihr weggenommen werden, d.h. in eine Anstalt gesteckt und somit von der Gesellschaft ausgeschlossen werden. Das bedeutet natürlich auch, sie hat Angst, das Kind könnte geheilt werden und nicht mehr Gegenstand ihrer Phantasmen sein. Wie das zu verstehen ist, werde ich weiter unten genauer erläutern. Dazu kommt, dass Mutter und Kind eine Einheit sind; denn immerhin hat die Mutter das Kind zur Welt gebracht, und somit hat sie das Gefühl, entscheiden zu dürfen, ob es leben darf. Durch das Einheitsgefühl empfindet die Mutter eine Abwertung ihres Kindes als eine Schädigung ihrer eigenen Person. Ist das Kind nun unheilbar krank, ist die Mutter in ihrer eigenen Existenz verunsichert. Also sucht sie bei ihrem Kind mit aller Kraft einen organischen Schaden, der behandelt werden kann, als dass sie die Diagnose „unheilbar" annimmt.

Psychoanalytisch gesehen stellt sich das Problem wie folgt dar:

Bei der Geburt des Kindes, bzw. schon lange vor dieser, hat die Mutter ein Phantasiebild vom Kind im Kopf. Sie denkt, dass das Kind ihre eigene Kindheit entschädigt und die Leere ihres bisherigen Lebens füllt. Das Kind wird von ihr als Ersatz für das gesehen, was

---

[5] Mannoni, M.: Das zurückgebliebene Kind und seine Mutter, Olten 1972, S. 22

6

der Mutter stets fehlte. Dabei wird jedoch das wahre Ich des Kindes verdeckt, bzw. es bekommt gar nicht die Möglichkeit, sich frei zu entwickeln.

Wenn sich nun herausstellt, dass das Kind schwer zurückgeblieben ist, erlebt dies die Mutter als Schock. Die früheren Verzichtungen und Traumata leben wieder auf. Die Mutter kehrt sozusagen zum Niveau Kind-Sein zurück und kann somit nicht als verantwortliche Frau und Mutter fungieren. Mannoni drückt das in ihrem Buch folgendermaßen aus:

Es wird *„endgültig verhindert, dass die Mutter auf symbolischer Ebene endlich ihr Kastrationsproblem überwindet. Sie kann sich ja nur zur Frau entwickeln, wenn sie auf den Fetisch Kind verzichtet, der nichts anderes ist als das imaginäre Kind der Ödipusverbindung."*[6]

Der Ausdruck „Fetisch" verdeutlicht meiner Meinung nach sehr erschreckend, welche Rolle „das Kind" (sei es ihr eigenes oder die Mutter als Kind) im Leben der Mutter spielt. Sie ist besessen davon, und steckt ihre ganze Energie, Wünsche und Phantasien in die Vorstellung eines Kindes.

Beachtenswert dabei ist, dass das kranke Kind nur selten in eine Dreierbeziehung eingebunden wird. D.h. entweder nur die Mutter oder nur der Vater kümmern sich um das Kind. Da das Kind jedoch noch eine dritte Instanz benötigt, um zur wahren, befreiten Sprache zu kommen, seine Wünsche und Bedürfnisse zu äußern, bleibt es wohl in seiner Rolle als Kranker haften.

Das Drama mit einem anormalen Kind ist, dass die Mutter einsam ist, denn sie fühlt sich aufgrund der Krankheit ihres Kindes als Mensch nicht mehr anerkannt. Sie muss mehr als andere Mütter ihr Gesicht wahren, da sie ständig von anderen beobachtet wird. Sie wird also mehr oder weniger von der Gesellschaft isoliert. Die Einsamkeit ist jedoch voll von Phantomen, über welche die Mutter aber mit niemandem reden kann. Das Kind ist immer in die Phantasiewelt der Mutter einbezogen, durch die es geprägt wird, da es sich ja nicht wehren kann. Die Mutter hängt stets ihren Phantasien nach, von denen sie gehofft hatte, sie verwirklichen sich in ihrem Kind.

4 Mentale Insuffizienz

Im Gegensatz zur schweren Zurückgebliebenheit ist die Situation von debilen Kindern nicht ganz so ausweglos. Jedoch ist die mentale Insuffizienz schwer feststellbar; meist wird diese Intelligenzschwäche nur zufällig vom Arzt entdeckt.

---

[6] Ebd. S. 23

Der gewöhnliche Debile ist charakterlich nicht gestört. Sein IQ liegt zwischen 50 und 80. Wie groß der schulische und soziale Erfolg dieser Kinder ist, hängt jedoch v.a. von den Familienverhältnissen und der Beziehung zu den Eltern ab. D.h. auch davon, wie sehr die Eltern unter der Krankheit ihres Kindes leiden, und welche Bedeutung die Krankheit in der Familienkonstellation hat und somit auch davon, inwieweit die Rolle des Kindes in der Familie festgeschrieben ist.

Für das Kind ist es wichtig, dass zunächst die Art der Beziehung zu seiner Umwelt geändert wird. Dabei spielt, nach Mannoni, die frühzeitige Psychotherapie eine große Rolle. Denn wenn sich das Kind innerhalb der Familie ständig auf eine bestimmte Rolle festlegen lässt und nicht Subjekt sein kann, hat es schlechte Chancen auf eine Heilung bzw. Intelligenzsteigerung.

Zum Krankheitsbild gehören auch Sprachstörungen und starke Orientierungs- und Rhythmusprobleme. Diese rühren v.a. von Schwierigkeiten her, das Imaginäre zu strukturieren. Auch haben diese Kinder Probleme damit, sich zum väterlichen Signifikanten in Beziehung zu setzen. Wie wichtig diese Auseinandersetzung mit einer dritten Instanz ist, beschrieb ich schon oben.

In diesem Zusammenhang spielt auch die Gegenübertragung des Erziehers bzw. der Erzieherin auf das Kind eine Rolle. Meist verhält sich diese bzw. diese wie eine Adoptivmutter zu dem Kind. Indem er bzw. sie eine Einweisung fordert, also die Trennung von der Mutter, die ihr Kind jedoch braucht, um ihr Leben zu regeln, zerschlägt er bzw. sie jegliche Fortschritte. Denn er bzw. sie zeigt damit seine bzw. ihre Angst vor dem Abgrund der Triebe, den das Kind darstellt. Doch darauf reagiert das Kind mit Panik, wird noch unzugänglicher und zeigt noch schlimmere Charakterstörungen. Meist ist in diesen Fällen eine normale Umgebung, in der keine Ansprüche an das Kind gestellt werden, die bessere Lösung. Das Beispiel von Irene zeigt dies sehr gut:

„So war es bei Irene (12 Jahre alt, schwere Phobie, I.Q.: 0.62), die in eine Anstalt „abgeschoben" worden war. Die Leiterin unternahm alles, um das Kind in eine andere Anstalt zu überweisen, in die noch stärker geschädigte Kinder als Irene aufgenommen wurden. Im Milieu der neuen Schule blühte Irene auf, und es gelang ihr, das Niveau der 7. Klasse zu erreichen"[7]

Das Beispiel warnt vor einer normativen Haltung gegenüber dem Kind, davor das Kind immer wieder in seine Rolle als Debiler zu drängen, wenn auch unbewusst. Irene half es, unter Menschen zu sein, die noch größere Probleme hatten als sie, so dass ihre eigene Debilität in den Hintergrund rückte. So wurde ihre Persönlichkeitsentfaltung nicht weiter behindert.

---

[7] Ebd. S. 44

Bezeichnend für debile Kinder ist, dass sie von Anfang an in einem gegenseitigen Abhängigkeitsverhältnis stehen, so dass sie keine Möglichkeit haben, ihren eigenen Mangel zu hinterfragen und eine Identifikation herzustellen. Sie können sich selbst und ihre Umwelt nicht bezeichnen, da sie nur als Objekt der mütterlichen Pflege fungieren. Dadurch fehlt die Dimension des Symbolischen, was besonders in der Objektwelt zu Schwierigkeiten führt. Deshalb haben diese Kinder auch oft Probleme mit Zeit- und Raumbegriffen und Mathematik.

Weiter unten geht Mannoni auf Kinder einer psychotischen Struktur ein, von denen jedoch auf den ersten Blick angenommen werden kann, sie seien debil.

Diese Kinder haben immer entweder eine schwere Charakterstörung oder zeigen eine Art rebellische Teilnahmslosigkeit gegenüber allen Ermutigungen. Sie benutzen ihre Debilität, um die Familiensituation zu vertuschen und um zu verwischen, dass sie Reales und Symbolisches nicht auseinander halten können und keinen Zugang zum Imaginären herstellen können. Mannoni beschreibt diesem Problem zwei Beispiele, die ich jedoch aus Platzgründen hier nicht weiter erörtern kann.[8]

Mit diesem neuen Verständnis von Debilität stellt Mannoni heraus, dass die Debilität bisher als Kapazitätsmangel des Kindes gesehen wurde, was das Kind isoliert, da das Fehlende am Kind, also der *Mangel* an Kapazität betont wurde. Die Diagnose hieß oft „Unheilbar" und die Behandlung „Wiederanpassung", um den verbleibenden Rest der Kapazität des Kindes zu unterhalten. Mannoni fordert indes, dass sich der Analytiker selbst immer wieder in Frage stellt und darauf achtet, die Familie durch seine Konzeption nicht auszuschalten.

Grundsätzlich gilt, dass man die Bedeutung der Debilität vernachlässigt bzw. verleugnet, wenn man nur nach einem bestimmten Grund der Krankheit sucht und nur das Symptom behandeln will. D.h. es ist unerlässlich, auch immer auf die gegenwärtige Situation und die Familiengeschichte einzugehen.

---

[8] siehe ebd. S. 50 - 52

5 Die phantasmatische Beziehung des Kindes zu seiner Mutter

In diesem Abschnitt möchte ich noch einmal genauer auf die Elemente eingehen, aus denen die phantasmatische Beziehung besteht, da diese ein zentraler Punkt in der Krankheit des Kindes ist.

Es beginnt alles in einem traumähnlichen Zustand, in dem sich die Mutter ein „Kind" wünscht. Das Kind stellt dabei jedoch eine Beschwörung aus der eigenen Kindheit dar, etwas, was die Mutter nie besaß oder nie bekommen konnte. Das Kind wird also sozusagen aus der Erinnerung und dem Schmerz der Mutter „geschaffen". Seine Rolle ist somit eigentlich schon festgelegt. Der Entwicklungsverlauf des Embryos wird von der Mutter als Entwicklung eines Teilkörpers in ihrem Inneren erlebt. Sie sieht sich und das Baby als einheitlichen Körper. Bei der Geburt rutscht die Mutter in ein Tief, da das Kind nun von ihr getrennt wurde und eine erneute Verschmelzung unmöglich scheint. So versucht sie, diesen Traum durch ein Phantasiebild vom Kind doch noch zu verwirklichen. Es entsteht eine Scheinbeziehung zwischen Mutter und Kind, da das Kind für die Mutter etwas darstellt, was es gar nicht ist, also nur eine Rolle spielt. Das Kind ist nun Objekt der Mutter, sie sieht nicht das wahre Ich ihres Kindes. Das Kind muss also den Mangel am Sein der Mutter ausgleichen. Es lebt nur noch für sie, womit es keine Möglichkeit bekommt, sich frei zu entfalten. Das Kind weiß jedoch nicht, dass es nur eine Rolle spielt, um den unbewussten Willen der Mutter zu befriedigen. So bleibt es etwa in seiner Rolle als Hochbegabter, als Kranker oder eben als Debiler stecken. Die Mutter nutzt nun z.B. die fehlende Intelligenz ihres Kindes, um *ihre* Krankheit, z.B. eine Neurose zu überdecken. Jeder Wunsch des Kindes aufzuwachen, wird von der Mutter systematisch hintertrieben, bis es schließlich an seine Dummheit glaubt.

Die Krankheit des Kindes wird also benutzt, um die eigenen Probleme zu vertuschen. So hat das Kind natürlich nur geringe Chancen, seinen Zustand zu verbessern.

6 Angst und Widerstand während der Behandlung

Während der Behandlung schwingt die Angst immer mit. Besonders bei der Mutter, denn sie fürchtet eine mögliche Heilung ihres Kindes. Dann hätte sie nämlich kein Objekt mehr, um das sie sich kümmern kann und durch das ihre Phantasien eventuell doch noch verwirklicht werden könnten. Deshalb ist *sie* es meist, die dann einen Abbruch der Behandlung möchte. Das könnte aber unter Umständen beim Kind zu einer Zwangsneurose führen[9]; denn selbst wenn das Symptom bis zu diesem Zeitpunkt eliminiert werden konnte, ist das eigentliche Problem in der Familienkonstellation noch vorhanden.

Das Kind schützt mit seinen Verhaltensweisen den Erwachsenen vor Wahnsinn oder Verzweiflung, denn die *Eltern* sind in Wirklichkeit krank. Deshalb muss sich der Analytiker ernsthaft mit der Familie befassen. Sobald diese das Gefühl, ihr wird nicht genügend geholfen, nimmt sie das Kind aus der Behandlung, so dass es keine Chance mehr auf Heilung hat. Die Eltern erwarten also indirekt Hilfe vom Analytiker ihres Kindes.

Wie schon angedeutet, spielt neben der Angst der Widerstand meist eine Rolle.

Indem das Kind als phantasmatisches Objekt fungiert, das die Eltern vor der Enthüllung des Kerns ihrer Neurose schützt, leisten sie natürlich Widerstand, wenn ihnen das Kind weggenommen wird, um es zu heilen. Denn so ist schließlich ihre Abwehr in Gefahr. Sie wären schutzlos. Um einen möglichen Selbstmord seitens der Eltern zu vermeiden, muss der Analytiker die Botschaften der Eltern aufnehmen, die ihre Angst vor der Enthüllung ihres Problems nur ertragen können, wenn der Analytiker die Angst wahrnimmt und handelt.

7 Das Problem der schulischen Erziehung

Mannoni geht in ihrer Studie „Das zurückgebliebene Kind und seine Mutter" ebenfalls darauf ein, dass es zu wenig Schulen gibt, die den Unterricht auf zurückgebliebene Kinder abstimmen.

---

[9] vgl. ebd. S. 77

Sie nennt folgende Methoden, die geeignet und von Nöten sind:

1. die sensorische Erziehung

   Dabei soll das Fühlen, Hören und Sehen eingeübt werden. Diese Sinne dienen als Grundlage für das Rechnen, Lesen, etc.

2. die interessenzentrierte Methode

   Das Unterrichtsprogramm sollte versuchen, sich auf die elementaren Bedürfnisse des Kindes (wie essen und anziehen) und auf die Beziehung zu seiner Umgebung (wie das Kind und seine Familie oder das Kind und die Tierwelt) auszurichten.

3. Der Unterricht muss lebendig sein und die individuelle Arbeit des Kindes unterstützen. Im Mittelpunkt sollte das Interesse des Kindes und eine aktive Beteiligung stehen.

4. Dazu kommen spezielle Methoden zur Unterstützung spezifischer Schwierigkeiten.

Eine bestimmte Pädagogik in die Schule einzuführen, ist jedoch nicht möglich, da die Krankheiten der verschiedenen Kinder zu unterschiedlich sind und eine jeweils individuelle Behandlung erfordern. So gibt es keine festgelegten Konzeptionen; nur den Vorsatz, das Kind frei leben zu lassen. Den Kindern soll geholfen werden, sich ihrer eigenen Situation als *Subjekte* bewusst zu werden. Es sollten möglichst viele Angebote bereitstehen, um sich auf unterschiedlichste Weise auszudrücken. Auch die Integration in die Gruppe sollte gewährleistet sein, bevor schulische Anforderungen an das Kind gestellt werden.
Es gibt also keine pädagogische Methode als Universalmittel.

8 Zusammenfassende Schlussfolgerungen

Abschließend möchte ich noch einmal die wichtigsten Aspekte herausstellen, die man beim Umgang mit debilen Kindern beachten sollte.

1. Es ist stets das breite Spektrum der Krankheit in Betracht zu ziehen, um das Kind nicht vorzeitig abzustempeln und in eine bestimmte Schublade zu stecken und so seine Heilungschancen einzuschränken.

2. Damit einher geht die Forderung nach möglichst offenen Diagnosen. Man darf das Kind nicht etikettieren. Bei einer offenen Diagnose ist jede Heilung möglich, da man so dem Kind Freiraum gibt, sich zu entwickeln. Beharrt man auf einer festen Diagnose, besteht die Gefahr, dass man nur das Symptom des Kindes sieht, doch die dafür verantwort-

lichen Probleme außer Acht lässt.

3. Des weiteren ist stets der unerwartete therapeutische Effekt zu beachten. D.h. dem einen Kind kann ein bestimmter Ort oder eine bestimmte Schule helfen, doch einem anderen Kind wiederum nicht, obwohl beide die selbe Krankheit haben. Also gleichen Gemütsstörungen ist nicht unbedingt mit gleichen Maßnahmen entgegenzuwirken. Hierzu möchte ich noch einmal an das Beispiel von Irene erinnern.

4. Mannoni fordert die Zusammenarbeit von Analytiker und Mediziner, um eine angemessene Entscheidung für das Kind treffen zu können. Denn die Psychoanalyse ist nach Mannoni niemals außer Acht zu lassen.

5. Mannoni postuliert ein weniger strenges Schulsystem, das nicht zu hohe Erwartungen an das Kind stellt, da eine normative Haltung gegenüber dem Kind zu einer Verhärtung seiner Charakterstörung führen kann. Weniger überfüllte Klassen könnten eine Heilung in einem normalen Milieu ermöglichen.

6. Als letzten Punkt möchte ich noch einmal die Wichtigkeit der Familiensituation betonen. Ohne die Beachtung und mögliche Behandlung der Familienmitglieder, besonders der Mutter, ist eine Heilung des Kindes kaum möglich. Beschränkt man es auf die Symptome, bleibt das Kind ewig in der Phantasiewelt der Mutter gefangen.

LITERATURANGABEN:

Roedel, J./Kaufhold, R.: Bonneuil oder: Das Drama des zurückgebliebenen Kindes, in: Psychosozial (21) 1998

Mannoni, M.: Das zurückgebliebene Kind und seine Mutter, Olten 1972